Um presente especial de

Amor

FOTOGRAFIA DE RICHARD EXLEY
EDITADO POR DALTON EXLEY

calor

Uma laranja na mesa,
seu vestido no carpete, e você
em minha cama, doce presente do presente,
frio da noite, calor da minha vida.

JACQUES PRÉVERT (1900–1977),
DE *ALICANTE*

Certamente fico feliz
quando a música faz você
esboçar um sorriso.
Sua mão segura a minha.
E você me ama.

PADDI CLAY

Você intensificou todas as cores,
aumentou toda a beleza, aprofundou todo o prazer.
Amo você mais do que amo a vida, minha beleza,
minha maravilha.

SIR ALFRED DUFF COOPER (1890–1954),
À SUA FUTURA ESPOSA DIANA, 1918

minha maravilha

Uma palavra nos liberta
de todo o peso
e da dor na vida:
essa palavra é amor.

SÓFOCLES (496–406 a.C.),
DE *OEDIPUS AT COLONUS*

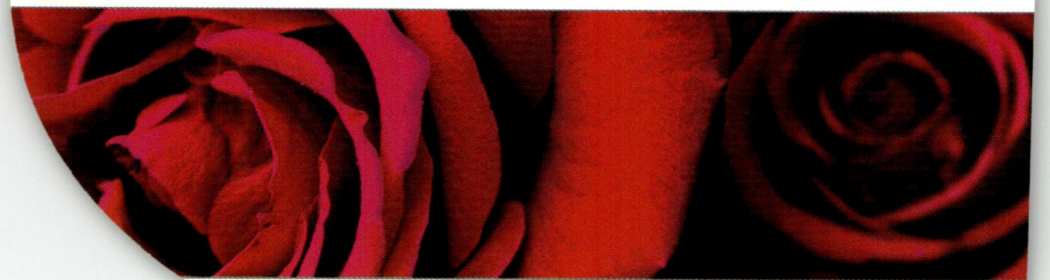

Uma palavra...

Eu abençoo você. Beijo e acaricio todo o seu corpo e olho em seus olhos doces e profundos que há muito tempo me conquistaram completamente.

CZARINA ALEXANDRA

... tudo o que você faz
me tortura, me inebria,

me surpreende, me assusta,
tudo o que você faz é perfeito.

PAUL ÉLUARD (1895–1952),
À SUA ESPOSA ELENA DMITRIEVNA DIAKONOVA

Nunca vejo beleza sem pensar em você
nem sinto felicidade sem pensar em você.
Você satisfez toda a minha ambição,
concretizou todas as minhas expectativas,
realizou todos os meus sonhos.

SIR ALFRED DUFF COOPER (1890–1954)
À SUA FUTURA ESPOSA DIANA

O que é seu é meu e tudo o que é meu é seu.

PLAUTO (250–184 a.C.)

tocar o céu

Uma estrela está brilhando em meu
coração, meus sonhos têm asas
que tocam o céu, eu me casaria
com você mil vezes – amarei você
até o dia em que eu morrer.

MARION SCHOEBERLEIN

Querida, eu amo você
pela sua linda forma, pela arte que faz
com tinta, na cama e com as rimas, mas
principalmente porque enxergamos
o coração um do outro,
lemos segredos e acreditamos
e cancelamos o tempo.

TOM MCGRATH (1916–1990)

Você pode fazer qualquer coisa e ser

o que quiser, desde que seja comigo.

DYLAN THOMAS (1914–1953)
EM UMA CARTA PARA SUA FUTURA ESPOSA
CAITLIN MCNAMARA

Não gosto de nada sem você.
Você é o prisma por meio do qual
o raio de sol, a paisagem verde e a
vida aparecem para mim...
Preciso de seus beijos em meus lábios,
de seu amor em minha alma.

JULIETTE DROUET (1806–1883), A VICTOR HUGO

você...

Você é o futuro de meu passado,
o presente do meu sempre,
o para sempre do meu agora.

CHARLES GHIGNA

Meu coração se decidiu

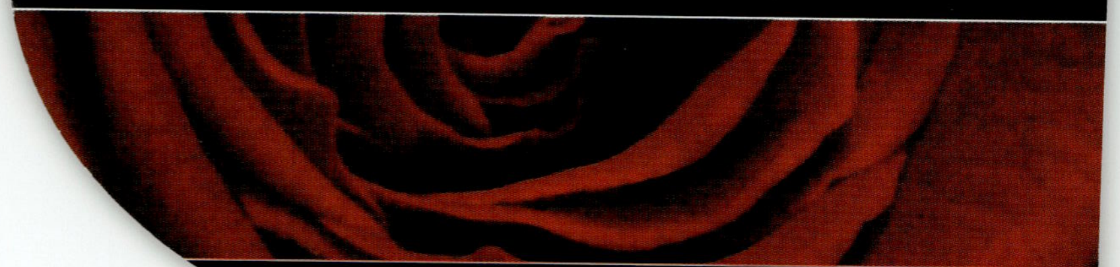

e escolheu você.

WENDY COPE (1945–) DE *VALENTINE*

Você é tudo de que preciso.
Você é o sol, o ar que respiro.
Sem você, a vida não seria a mesma.
Por favor, nunca se vá. E se for,
não se esqueça de me levar com você.

BASIA

Preciso de seu amor como meu porto seguro. Ele é o sol que alimenta minha vida.

JULIETTE DROUET (1806–1883),
A VICTOR HUGO

Amar
e ser amado
é a maior felicidade
da vida.

SYDNEY SMITH
(1771–1845)

onde quer que

Onde quer que você

você esteja...

esteja, também estou.

LUDWIG VAN BEETHOVEN (1770–1827)

Encontrei consolo
em seus braços.
Coragem na fraqueza.
Esperança no desespero.
Riso. Amor.

PAM BROWN (1928–)

meu coração

Existe um modo de seu coração chegar ao meu, e meu coração sabe disso.

JALAL RUMI (1207–1273)

Eu amo você em toda
profundidade, amplidão e altura
que minha alma consegue alcançar...
Amo você com amplidão, sorrisos,
lágrimas, com toda a minha vida!

ELIZABETH BARRETT BROWNING
(1806–1861)

Amar alguém e ser retribuído é o que existe de mais precioso no mundo.

NICHOLAS SPARKS,
DE O *RESGASTE*

Houve momentos em que temi ouvir sua voz, e fiquei desconsolado quando não a ouvi. Tantas contradições, tantos movimentos contrários são verdadeiros, e podem ser explicados com três palavras:

EU TE AMO.

JULIE DE L'ESPINASSE AO
CONDE HIPPOLYTE DE GUIBERT, 1774

Tudo o que amo
perde metade da graça
quando você não está
junto de mim.

CLARA ORTEGA (1955–)

Eu te amo,
não apenas pelo que você é,
mas pelo que sou
quando estou com você.

Eu te amo

Eu te amo,
não apenas pelo que
você se tornou,
mas pelo que está fazendo
com que eu me torne.

ROY CROFT (1907–1973)

Você não acha que fui feito para você?
Parece que você me encomendou
– e eu fui entregue a você –
para ser usada... Quero que você me use
como um amuleto da sorte ou uma flor...
para o mundo.

ZELDA FITZGERALD (1900–1948)

Eu espalho os dias diante de mim – os dias que passamos juntos –, alguns brilhante[s] como estrelas, alguns radiantes como uma mágica opalescente, alguns frios como pedras[,] alguns ardentes como fogo. Como eles teriam sido sem você? Datas riscadas em um calendário.

ARION C. GARRETTY (1917–2005)

*Como estamos, aqui,
juntos, agora e aqui,
sempre você e eu.*

ROBERT GRAVES (1895–1985)

MINHA VIDA
OUVE A SUA.
MURIEL RUKEYSER (1913–1980)

Se você algum dia

Publicado pela primeira vez em 2013 na Grã-Bretanha por Helen Exley Giftbooks, com o título *A special gift of love*.

Fotografias de Richard Exley © Helen Exley Creative Ltd 2013.
Textos, seleção e organização Dalton Exley © Helen Exley Creative Ltd 2013
Textos de Pam Brown, Marion C. Garretty e Clara Ortega © Helen Exley Creative Ltd 2013

1ª edição 2015

ISBN: 978-1-84634-934-8

Quero você para sempre
– dias, anos, eternidades.

ROBERT SCHUMANN (1810–1856),
À CLARA WIECK